사경하고
색칠하는 전서체
반야심경

법천 스님 편저

한영출판사

摩訶般若波羅蜜多心經

觀自在菩薩行深般若波羅蜜多時照見五蘊皆空度一切苦厄舍利子色不異空空不異色色即是空空即是色受想行識亦復如是舍利子是諸法空相不生不滅不垢不淨不增不減是故空中無色無受想行識無眼耳鼻舌身意無色聲香味觸法無眼界乃至無意識界無無明亦無無明盡乃至無老死亦無老死盡無苦集滅道無智亦無得

대화강물은 한번도 흐를적이 없다

한글 반야심경 (般若心經)

관자재보살이 깊은 반야바라밀다를 행할 때, 오온이 공한 것을 비추어 보고 온갖 고통에서 건너느니라. 사리자여, 색이 공과 다르지 않고 공이 색과 다르지 않으며, 색이 곧 공이요 공이 곧 색이니, 수 상 행 식도 그러하니라. 사리자여, 모든 법은 공하여 나지도 멸하지도 않으며, 더럽지도 깨끗하지도 않으며, 늘지도 줄지도 않느니라. 그러므로 공 가운데는 색이 없고 수 상 행 식도 없으며, 안 이 비 설 신 의도 없고, 색 성 향 미 촉 법도 없으며, 눈의 경계도 의식의 경계까지도 없고, 무명도 무명이 다함까지도 없으며, 늙고 죽음도 늙고 죽음이 다함까지도 없고, 고 집 멸 도도 없으며, 지혜도 얻음도 없느니라. 얻을 것이 없는 까닭에 보살은 반야바라밀다를 의지하므로 마음에 걸림이 없고 걸림이 없으므로 두려움이 없어서, 뒤바뀐 헛된 생각을 멀리 떠나 완전한 열반에 들어가며, 삼세의 모든 부처님도 반야바라밀다를 의지하므로 최상의 깨달음을 얻느니라. 반야바라밀다는 가장 신비하고 밝은 주문이며 위없는 주문이며 무엇과도 견줄 수 없는 주문이니, 온갖 괴로움을 없애고 진실하여 허망하지 않음을 알지니라. 이제 반야바라밀다주를 말하리라.

아제아제 바라아제 바라승아제 모지 사바하 (세 번)

반야심경 사경 공덕

부처님께서 말씀하시기를 『나는 과거 무량아승지겁 동안 부처님을 받들어 섬기고 공양을 올렸느니라. 그러나 만약 어떤 사람이 이 반야심경을 읽거나 쓴다면 그 공덕은 내가 부처님을 받들어 섬기고 공양한 공덕으로는 천만분의 일에도 미치지 못한다. 왜냐하면 이 경전의 의미는 불가사의하며 그 과보 또한 불가사의하기 때문이니라.』라고 하셨습니다.

또한 사경의 공덕이 탑을 조성하는 것보다 나으며 무수한 세월 동안 물질을 보시한 공덕보다 수승하다고 하셨습니다. 반야심경은 모든 경전 중 가장 많이 사랑받으며 회자되어 온 경전입니다. 부처님 가르침의 정수를 담고 있기 때문일 것입니다.

오랜 세월 동안 증험되어 온 반야심경의 사경 공덕은 대략 네 가지로 요약할 수 있습니다.

첫째 다겁생래로 지어온 업장이 녹는다.
둘째 집착과 고통에서 벗어날 수 있다.
셋째 모든 존재를 편안하게 할 수 있다.
넷째 소원을 성취하며 지혜를 얻는다.

깨끗하고 맑은 마음으로 부처님의 원음을 옮겨쓰는 사람은 이미 윤회의 고통을 벗어나 있으며 불보살님들의 가피로 모든 장애가 사라지고 늘 기쁨이 충만한 삶을 누리고 있는 것과 같습니다.

한 생을 살아가면서 이처럼 귀하고 값진 가르침을 만나고 사경 수행을 할 수 있다는 것은 그 무엇과도 비교할 수 없는 큰 행복입니다. 이번에 나온 『사경하고 색칠하는 반야심경』은 기존에 쓰기만 하던 방식을 벗어나 한 자 한 자를 베껴 쓴 다음 아름다운 색깔을 입혀 보는 것입니다. 내 손으로 부처님을 아름답게 장엄하는 기도이자 깨달음으로 가는 여정입니다. 사경하는 즐거움 또한 비할 바 없이 크며, 완성을 하고 보면 자신의 마음이 얼마나 아름다운지를 알 수 있습니다.

사경과 색칠의 순서 및 방법

1. 몸과 마음을 고요히 한다.
2. 한 자 한 자 정성껏 따라 쓴다.
3. 아름답게 색칠을 한다. (유성 색연필 권장)
4. 가족이나 도반들과 마음의 색을 비교해 본다.
5. 회향문을 적는다.

사경과 색칠이 끝난 후

1. 액자에 넣어 집에 걸어둔다.
2. 독송용으로 사용한다.
3. 신심 있는 도반이나 지인에게 선물한다.
4. 돌아가신 영가를 위해 절에서 태워드린다.
5. 불상이나 불탑 조성시에 안치한다.

내 일념으로 서원하노니
미래세 다하도록 필사한 이 경전 파손되지 말기를
설사 삼재로 대천세계 부서진다 해도
이 사경 허공마냥 파괴되지 말지어다.
만약 일체 중생 이 경에 의지하면
부처님 뵈옵고 법문들으며 사리 받들고
보리심을 발하여 용맹정진하고
보현의 행원 닦아 성불 곧 하리라.

─八十화엄경경 중에서─

사경공덕수승행 (寫經功德殊勝行)
무변승복개회향 (無邊勝福皆廻向)
보원침익제유정 (普願沈溺諸有情)
속왕무량광불찰 (速往無量光佛刹)

경을 쓰는 공덕 수승하여라
가없는 그 복덕 모두 회향하여
이 세상의 모든 사람 모든 생명들
무량광 부처님 나라에서 행복하여지이다.

 # 발 원 문

발원제자 :　　　　　　　　　　　　　　　　　합장

사경 시작 일시 :　　　　　　　년　　월　　일

사경의식

삼귀의례

거룩한 부처님께 귀의합니다
거룩한 가르침에 귀의합니다
거룩한 스님들께 귀의합니다

송경의식 ▶ 경전을 사경하기 전에 송경의식을 독송하고 사경함.

정구업진언

『수리수리 마하수리 수수리 사바하』(세 번)

오방내외안위제신진언

『나무 사만다 못다남 옴 도로도로 지미 사바하』(세번)

개경게
무상심심미묘법 백천만겁난조우
아금문견득수지 원해여래진실의

개법장진언
『옴 아라남 아라다』(세번)

摩訶般若波羅蜜多心經 觀自在菩薩 行深般若波羅蜜多時 照見五蘊皆空 度一切苦厄 舍利子 色不異空 空不異色 色即是空 空即是色 受想行識 亦復如是 舍利子 是諸法空相 不生不滅 不垢不淨 不增不減 是故空中無色

무수상행식(無受想行識) 무안이비설신의(無眼耳鼻舌身意) 무색성향미촉법(無色聲香味觸法) 무안계(無眼界) 내지무의식계(乃至無意識界) 무무명(無無明) 역무무명진(亦無無明盡) 내지무노사(乃至無老死) 역무노사진(亦無老死盡) 무고집멸도(無苦集滅道) 무지역무득(無智亦無得) 이무소득고(以無所得故) 보리살타(菩提薩埵) 의반야바라밀다고(依般若波羅蜜多故) 심무가애(心無罣礙) 무가애고(無罣礙故) 무유공포(無有恐怖) 원리전도몽상(遠離顚倒夢想)

究竟涅槃 三世諸佛 依般若波羅蜜多故 得阿耨多羅三藐三菩提 故知般若波羅蜜多 是大神咒 是大明咒 是無上咒 是無等等咒 能除一切苦 眞實不虛故 說般若波羅蜜多咒 卽說咒曰 揭諦揭諦 波羅揭諦 波羅僧揭諦 菩提薩婆訶

구	사	공	리	시	관	마
부	리	공	자	조	자	하
정	자	즉	색	견	재	반
부	시	시	불	오	보	야
증	제	색	이	온	살	바
불	법	수	공	개	행	라
감	공	상	공	공	심	밀
시	상	행	불	도	반	다
고	불	식	이	일	야	심
공	생	역	색	체	바	경
중	불	부	색	고	라	
무	멸	여	즉	액	밀	
색	불	시	시	사	다	

가	의	지	노	식	색	무
애	반	역	사	계	성	수
고	야	무	역	무	향	상
무	바	득	무	무	미	행
유	라	이	노	명	촉	식
공	밀	무	사	역	법	무
포	다	소	진	무	무	안
원	고	득	무	무	안	이
리	심	고	고	명	계	비
전	무	보	집	진	내	설
도	가	리	멸	내	지	신
몽	애	살	도	지	무	의
상	무	타	무	무	의	무

19

우주는 때가 있다

구경열반 삼세제불 의반야바라밀다 고득아뇩다라삼먁삼보리 고지반야바라밀다 시대신주 시대명주 시무상주 시무등등주 능제일체고 진실불허 고설반야바라밀다주 즉설주왈 아제아제 바라아제 바라승아제 모지사바하

垢 구	舍 사	空 공	利 리	時 시	觀 관	摩 마
不 부	利 리	空 공	子 자	照 조	自 자	訶 하
淨 정	子 자	卽 즉	色 색	見 견	在 재	般 반
不 부	是 시	是 시	不 불	五 오	菩 보	若 야
增 증	諸 제	色 색	異 이	蘊 온	薩 살	波 바
不 불	法 법	受 수	空 공	皆 개	行 행	羅 라
減 감	空 공	想 상	空 공	空 공	深 심	蜜 밀
是 시	相 상	行 행	不 불	度 도	般 반	多 다
故 고	不 불	識 식	異 이	一 일	若 야	心 심
空 공	生 생	亦 역	色 색	切 체	波 바	經 경
中 중	不 불	復 부	色 색	苦 고	羅 라	
無 무	滅 멸	如 여	卽 즉	厄 액	蜜 밀	
色 색	不 불	是 시	是 시	舍 사	多 다	

가 의 지 노 식 색 무
애 반 역 사 계 성 수
고 야 무 역 무 향 상
무 바 득 무 무 미 행
유 라 이 노 명 촉 식
공 밀 무 사 역 법 무
포 다 소 진 무 무 안
원 고 득 무 무 안 이
리 심 고 고 명 계 비
전 무 보 집 진 내 설
도 가 리 멸 내 지 신
몽 애 살 도 지 무 의
상 무 타 무 무 의 무

구경열반 삼세제불 의반야바라밀다 고득아뇩다라삼먁삼보리 고지반야바라밀다 시대신주 시대명주 시무상주 시무등등주 능제일체고 진실불허 고설반야바라밀다주 즉설주왈 아제아제 바라아제 바라승아제 모지사바하

신도내가있어야있다

	구		사		공		시		관		마
	부		리		공		자		조		자		하
	정		자		즉		색		견		재		반
	부		시		시		불		오		보		야
	증		제		색		이		온		살		바
	불		법		수		공		개		행		라
	감		공		상		공		공		심		밀
	시		상		행		불		도		반		다
	고		불		식		이		일		야		심
	공		생		역		색		체		바		경
	중		불		부		색		고		라
	무		멸		여		즉		액		밀
	색		불		시		시		사		다

가 의 지 노 식 색 무
애 반 역 사 계 성 수
고 야 무 역 무 향 상
무 바 득 무 무 미 행
유 라 이 노 명 촉 식
공 밀 무 사 역 법 무
포 다 소 진 무 무 안
원 고 득 무 무 안 이
리 심 고 고 명 계 비
전 무 보 집 진 내 설
도 가 리 멸 내 지 신
몽 애 살 도 지 무 의
상 무 타 무 무 의 무

구경열반 삼세제불 의반야바라밀다고 득아뇩다라삼먁삼보리 고지반야바라밀다 시대신주 시대명주 시무상주 시무등등주 능제일체고 진실불허 고설반야바라밀다주 즉설주왈 아제아제 바라아제 바라승아제 모지사바하

부처도 깨달기전에는 범부였다

마하반야바라밀다심경 관자재보살 행심반야바라밀다시 조견오온개공 도일체고액 사리자 색불이공 공불이색 색즉시공 공즉시색 수상행식 역부여시 사리자 시제법공상 불생불멸 불구부정 부증불감 시고 공중무색

가애고 무 유 공 포 원 리 전 도 몽 상
의 반 야 바 라 밀 다 심 경
지 역 무 득 이 무 소 득 고 보 리 살 타
노 사 역 무 노 사 진 집 멸 도
식 계 향 미 촉 법 안 이 비 설 신 의
색 성 무 무 명 역 무 무 명 진 내 지 무
무 수 상 행 식 무 안 이 비 설 신 의 무

중생과 은 모두들 렸다

라	라	제	대	고	밀	구
	아	밀	일	명	지	다	경
	제	다	체	주	반	고	열
	바	주	고	시	야	득	반
	라	즉	진	무	바	아	삼
	승	설	실	상	라	녹	세
	아	주	불	주	밀	다	제
	제	왈	허	시	다	라	불
	모	아	고	무	시	삼	의
	지	제	설	등	대	막	반
	사	아	반	등	신	삼	야
	바	제	야	주	주	보	바
	하	바	바	능	시	리	라

구	사	공	리	시	관 마
부	리	공	자	조	자 하
정	자	즉	색	견	재 반
부	시	시	불	오	보 야
증	제	색	이	온	살 바
불	법	수	공	개	행 라
감	공	상	공	공	심 밀
시	상	행	불	도	반 다
고	불	식	이	일	야 심
공	생	역	색	체	바 경
중	불	부	색	고	라
무	멸	여	즉	액	밀
색	불	시	시	사	다

가 의 지 노 식 색 무
애 반 역 사 계 성 수
고 야 무 역 무 향 상
무 바 득 무 무 미 행
유 라 이 노 명 촉 식
공 밀 무 사 역 법 무
포 다 소 진 무 무 안
원 고 득 무 무 안 이
리 심 고 고 명 계 비
전 무 보 집 진 내 설
도 가 리 멸 내 지 신
몽 애 살 도 지 무 의
상 무 타 무 무 의 무

눈에 속지말고 귀에 속지말자

라	라	제	대	고	밀	구
아	밀	일	명	지	다	경
제	다	체	주	반	고	열
바	주	고	시	야	득	반
라	즉	진	무	바	아	삼
승	설	실	상	라	녹	세
아	주	불	주	밀	다	제
제	왈	허	시	다	라	불
모	아	고	무	시	삼	의
지	제	설	등	대	먁	반
사	아	반	등	신	삼	야
바	제	야	주	주	보	바
하	바	바	능	시	리	라

摩訶般若波羅蜜多心經
觀自在菩薩行深般若波羅蜜多
時照見五蘊皆空度一切苦厄舍
利子色不異空空不異色色即是
空空即是色受想行識亦復如是
舍利子是諸法空相不生不滅不
垢不淨不增不減是故空中無色

무수상행식 무안이비설신의 무색성향미촉법 무안계 내지 무의식계 무무명 역무무명진 내지 무노사 역무노사진 무고집멸도 무지역무득 이무소득고 보리살타 의반야바라밀다고 심무가애 무가애고 무유공포 원리전도몽상

구경열반 삼세제불 의반야바라밀다 고득아뇩다라삼먁삼세제불 고지반야바라밀다 시대신주 시대명주 시무상주 시무등등주 능제일체고 진실불허 고설반야바라밀다주 즉설주왈 아제아제 바라아제 바라승아제 모지사바하

내 자로 남을 재지 말라

垢 구	舍 사	空 공	利 리	時 시	觀 관	摩 마
不 부	利 리	空 공	子 자	照 조	自 자	訶 하
淨 정	子 자	卽 즉	色 색	見 견	在 재	般 반
不 부	是 시	是 시	不 불	五 오	菩 보	若 야
增 증	諸 제	色 색	異 이	蘊 온	薩 살	波 바
不 불	法 법	受 수	空 공	皆 개	行 행	羅 라
減 감	空 공	想 상	空 공	空 공	深 심	蜜 밀
是 시	相 상	行 행	不 불	度 도	般 반	多 다
故 고	不 불	識 식	異 이	一 일	若 야	心 심
空 공	生 생	亦 역	色 색	切 체	波 바	經 경
中 중	不 불	復 부	色 색	苦 고	羅 라	
無 무	滅 멸	如 여	卽 즉	厄 액	蜜 밀	
色 색	不 불	是 시	是 시	舍 사	多 다	

가	의	지	노	식	색	무
애	반	역	사	계	성	수
고	야	무	역	무	향	상
무	바	득	무	무	미	행
유	라	이	노	명	촉	식
공	밀	무	사	역	법	무
포	다	소	진	무	무	안
원	고	득	무	무	안	이
리	심	고	고	명	계	비
전	무	보	집	진	내	설
도	가	리	멸	내	지	신
몽	애	살	도	지	무	의
상	무	타	무	무	의	무

37

내가 있어야 우주가 있다

구경열반(究竟涅槃) 삼세제불(三世諸佛) 의반야바라밀다(依般若波羅蜜多) 고(故) 득아뇩다라삼먁삼보리(得阿耨多羅三藐三菩提) 고지반야바라밀다(故知般若波羅蜜多) 시대신주(是大神呪) 시대명주(是大明呪) 시무상주(是無上呪) 시무등등주(是無等等呪) 능제일체고(能除一切苦) 진실불허(眞實不虛) 고설반야바라밀다주(故說般若波羅蜜多呪) 즉설주왈(卽說呪曰) 아제아제(揭諦揭諦) 바라아제(波羅揭諦) 바라승아제(波羅僧揭諦) 모지(菩提) 사바하(娑婆訶)

摩訶般若波羅蜜多心經
마하반야바라밀다심경

觀自在菩薩 行深般若波羅蜜多時
관자재보살 행심반야바라밀다시

照見五蘊皆空 度一切苦厄 舍
조견오온개공 도일체고액 사

利子 色不異空 空不異色 色卽是
리자 색불이공 공불이색 색즉시

空 空卽是色 受想行識 亦復如是
공 공즉시색 수상행식 역부여시

舍利子 是諸法空相 不生不滅 不
사리자 시제법공상 불생불멸 불

垢不淨 不增不減 是故空中無色
구부정 부증불감 시고공중무색

가 의 지 노 식 색 무
애 반 역 사 계 성 수
고 야 무 역 무 향 상
무 바 득 무 무 미 행
유 라 이 노 명 촉 식
공 밀 무 사 역 법 무
포 다 소 진 무 무 안
원 고 득 무 무 안 이
리 심 고 고 명 계 비
전 무 보 집 진 내 설
도 가 리 멸 내 지 신
몽 애 살 도 지 무 의
상 무 타 무 무 의 무

모든것의 시작은 나로부터다

구경열반 삼세제불 의반야바라밀다고 득아뇩다라삼막삼보리 고지반야바라밀다 시대신주 시대명주 시무상주 시무등등주 능제일체고 진실불허 고설반야바라밀다주 즉설주왈 아제아제 바라아제 바라승아제 모지사바하

마하반야바라밀다심경

관자재보살 행심반야바라밀다시 조견오온개공 도일체고액 사리자 색불이공 공불이색 색즉시공 공즉시색 수상행식 역부여시 사리자 시제법공상 불생불멸 불구부정 부증불감 시고 공중무색

가 의 지 노 식 색 무
애 반 역 사 계 성 수
고 야 무 역 무 향 상
무 바 득 무 무 미 행
유 라 이 노 명 촉 식
공 밀 무 사 역 법 무
포 다 소 진 무 무 안
원 고 득 무 무 안 이
리 심 고 고 명 계 비
전 무 보 집 진 내 설
도 가 리 멸 내 지 신
몽 애 살 도 지 무 의
상 무 타 무 무 의 무

배가 아프면 문제도 없다

구경열반 삼세제불 의반야
밀다 고 득아뇩다라 삼먁삼
고지 반야바라밀다 시대신
대명주 시무상주 시무등등
제일체고 진실불허 고설반야
바라밀다주 즉설주왈 아제아제
바라아제 바라승아제 모지사바하

마하반야바라밀다심경 관자재보살 행심반야바라밀다시 조견오온개공 도일체고액 사리자 색불이공 공불이색 색즉시공 공즉시색 수상행식 역부여시 사리자 시제법공상 불생불멸 불구부정 부증불감 시고 공중무색 무수상행식

가 의 지 노 식 색 무
애 반 역 사 계 성 수
고 야 무 역 무 향 상
무 바 득 무 무 미 행
유 라 이 노 명 촉 식
공 밀 무 사 역 법 무
포 다 소 진 무 무 안
원 고 득 무 무 안 이
리 심 고 고 명 계 비
전 무 보 집 진 내 설
도 가 리 멸 내 지 신
몽 애 살 도 지 무 의
상 무 타 무 무 의 무

나는 어디에 있는가

구경열반 삼세제불 의반야바라밀다 고득아뇩다라삼먁삼보리 고지반야바라밀다 시대신주 시대명주 시무상주 시무등등주 능제일체고 진실불허 고설반야바라밀다주 즉설주왈 아제아제 바라아제 바라승아제 모지사바하

摩訶般若波羅蜜多心經

觀自在菩薩行深般若波羅蜜多時照見五蘊皆空度一切苦厄舍利子色不異空空不異色色即是空空即是色受想行識亦復如是舍利子是諸法空相不生不滅不垢不淨不增不減是故空中無色無受想行識無眼耳鼻舌身意無色聲香味觸法

識亦復如是舍利子是諸法空
相不生不滅不垢不淨不增不
減是故空中無色無受想行識
無眼耳鼻舌身意無色聲香味
觸法無眼界乃至無意識界無
無明亦無無明盡乃至無老死
亦無老死盡無苦集滅道無智
亦無得以無所得故菩提薩埵
依般若波羅蜜多故心無罣礙
無罣礙故無有恐怖遠離顛倒
夢想究竟涅槃三世諸佛依般
若波羅蜜多故得阿耨多羅三
藐三菩提故知般若波羅蜜多
是大神咒是大明咒是無上咒

우주는 너무 커서 밖이 없고
우주는 너무 작아서 안이 없다

色不異空空不異色色即是空空即是色受想行識亦復如是舍利子是諸法空相不生不滅不垢不淨不增不減是故空中無色無受想行識無眼耳鼻舌身意無色聲香味觸法無眼界乃至無意識界無無明亦無無明盡乃至無老死亦無老死盡無苦集滅道無智亦無得以無所得故

깨달음이란 생각이 바뀌는 것이다

從般若波羅蜜多故 心無罣礙 無罣礙故 無有恐怖 遠離顚倒夢想 究竟涅槃 三世諸佛 依般若波羅蜜多故 得阿耨多羅三藐三菩提 故知般若波羅蜜多 是大神呪 是大明呪 是無上呪 是無等等呪 能除一切苦 眞實不虛 故說般若波羅蜜多呪 卽說呪曰 揭諦揭諦 波羅揭諦 波羅僧揭諦 菩提娑婆訶

摩訶般若波羅蜜多心經

觀自在菩薩行深般若波羅蜜多時照見五蘊皆空度一切苦厄舍利子色不異空空不異色色即是空空即是色受想行識亦復如是舍利子是諸法空相不生不滅不垢不淨不增不減是故空中無色無受想行識無眼耳鼻舌身意無色聲香味觸法無眼界

識亦復如是舍利子是諸法空相不生不滅不垢不淨不增不減是故空中無色無受想行識無眼耳鼻舌身意無色聲香味觸法無眼界乃至無意識界無無明亦無無明盡乃至無老死亦無老死盡無苦集滅道無智亦無得以無所得故菩提薩埵依般若波羅蜜多故心無罣礙無罣礙故無有恐怖遠離顛倒夢想究竟涅槃三世諸佛依般若波羅蜜多故得阿耨多羅三藐三菩提故知般若波羅蜜多是大明咒是

나그네는 다리 위를 지나는데 강물은
멈추었고 돌다리는 흘러 간다

摩訶般若波羅蜜多心經

觀自在菩薩 行深般若波羅蜜多
時 照見五蘊皆空 度一切苦厄 舍

除一切苦 真實不虛 故說般若

舍利子是諸法空相不生不滅不
垢不淨不增不減是故空中無
色無受想行識無眼耳鼻舌身
意無色聲香味觸法無眼界
乃至無意識界無無明亦無
無明盡乃至無老死亦無
老死盡無苦集滅道無
智亦無得以無所得故菩提薩埵

從彼岸波羅蜜多故心
圍礙故無有恐怖遠
皮境涅槃三世諸佛依
窘三故菩提薩埵依
故知般若波羅蜜多
大明呪是無上呪是
除一切苦真實不虛故說
能除一切苦真實不虛故說
般若波羅蜜多呪卽說呪曰
揭諦揭諦波羅揭諦波羅僧揭諦菩提娑婆訶

내가 바라 볼 때 세상이 나타난다

摩訶般若波羅蜜多心經

觀自在菩薩行深般若波羅蜜多

時照見五蘊皆空度一切苦厄舍

利子色不異空空不異色色即是

空空即是色受想行識亦復如是

舍利子是諸法空相不生不滅不

垢不淨不增不減是故空中無色

無受想行識無眼耳鼻舌身意無

色聲香味觸法無眼界乃至無意

識無無明亦無無明盡
乃至無老死亦無老死
盡無苦集滅道無智亦
無得以無所得故菩提
薩埵依般若波羅蜜多
故心無罣礙無罣礙故
無有恐怖遠離顛倒夢
想究竟涅槃三世諸佛
依般若波羅蜜多故得
阿耨多羅三藐三菩提
故知般若波羅蜜多是
大明咒是無上咒是

이 세상은 내 마음의 나타남이다

除一切苦真實不虛故說般若波羅蜜多呪即說呪曰揭諦揭諦波羅揭諦波羅僧揭諦菩提娑婆訶

摩訶般若波羅蜜多心經

觀自在菩薩 行深般若波羅蜜多時 照見五蘊皆空 度一切苦厄 舍

色不異空空不異色色即是空空即是色受想行識亦復如是舍利子是諸法空相不生不滅不垢不淨不增不減是故空中無色無受想行識無眼耳鼻舌身意無色聲香味觸法無眼界乃至無意識界無無明亦無無明盡乃至無老死亦無老死盡無苦集滅道無智亦無得以無所得故

從般若波羅蜜多故心無罣礙無罣礙故無有恐怖遠離顛倒夢想究竟涅槃三世諸佛依般若波羅蜜多故得阿耨多羅三藐三菩提故知般若波羅蜜多是大神咒是大明咒是無上咒是無等等咒能除一切苦真實不虛故說般若波羅蜜多咒即說咒曰揭諦揭諦波羅揭諦波羅僧揭諦菩提薩婆訶

지금 이대로 아무런 문제 없다

摩訶般若波羅蜜多心經

觀自在菩薩行深般若波羅蜜多
時照見五蘊皆空度一切苦厄舍
利子色不異空空不異色色即是
空空即是色受想行識亦復如是
舍利子是諸法空相不生不滅不
垢不淨不增不減是故空中無色
無受想行識無眼耳鼻舌身意無
色聲香味觸法無眼界乃至無

識界。無無明，亦無無明盡，乃至無老死，亦無老死盡。無苦集滅道。無智亦無得。以無所得故，菩提薩埵，依般若波羅蜜多故，心無罣礙。無罣礙故，無有恐怖，遠離顛倒夢想，究竟涅槃。三世諸佛，依般若波羅蜜多故，得阿耨多羅三藐三菩提。故知般若波羅蜜多，是大神咒，是大明咒，是無上咒，是無等等咒

摩訶般若波羅蜜多心經

觀自在菩薩 行深般若波羅蜜多
時 照見五蘊皆空 度一切苦厄 舍
... 除一切苦 眞實不虛 故說般若
波羅蜜多呪 卽說呪曰 揭諦揭諦
波羅揭諦 波羅僧揭諦 菩提娑婆訶

나는 한 발 자국도 움직인 적이 어 없다

色不異空　空不異色　色即是空　空即是色　受想行識　亦復如是　舍利子　是諸法空相　不生不滅　不垢不淨　不增不減　是故空中無色　無受想行識　無眼耳鼻舌身意　無色聲香味觸法　無眼界　乃至無意識界　無無明　亦無無明盡　乃至無老死　亦無老死盡　無苦集滅道　無智亦無得　以無所得故

세상의 모든 것은 때가 있다

從般若波羅蜜多故得阿耨多羅三藐三菩提故知般若波羅蜜多是大神咒是大明咒是無上咒是無等等咒能除一切苦真實不虛故說般若波羅蜜多咒即說咒曰揭諦揭諦波羅揭諦波羅僧揭諦菩提娑婆訶

摩訶般若波羅蜜多心經

觀自在菩薩行深般若波羅蜜多時照見五蘊皆空度一切苦厄舍利子色不異空空不異色色即是空空即是色受想行識亦復如是舍利子是諸法空相不生不滅不垢不淨不增不減是故空中無色無受想行識無眼耳鼻舌身意無色聲香味觸法

識,亦復如是。舍利子,是諸法空相,不生不滅,不垢不淨,不增不減。是故空中無色,無受想行識,無眼耳鼻舌身意,無色聲香味觸法,無眼界,乃至無意識界。無無明,亦無無明盡,乃至無老死,亦無老死盡。無苦集滅道,無智亦無得。以無所得故,菩提薩埵,依般若波羅蜜多故,心無罣礙。無罣礙故,無有恐怖,遠離顛倒夢想,究竟涅槃。三世諸佛,依般若波羅蜜多故,得阿耨多羅三藐三菩提。故知般若波羅蜜多,是大明咒,是無上咒,是無等等咒。

우주는 나를 위해 맞추어져 있다

除一切苦眞實不虛故說般若
波羅蜜多呪卽說呪曰揭諦揭諦
波羅揭諦波羅僧揭諦菩提娑婆訶

草書

摩訶般若波羅蜜多心經
觀自在菩薩行深般若波羅蜜多
時照見五蘊皆空度一切苦厄舍

色不異空空不異色色即是空空即是色受想行識亦復如是舍利子是諸法空相不生不滅不垢不淨不增不減是故空中無色無受想行識無眼耳鼻舌身意無色聲香味觸法無眼界乃至無意識界無無明亦無無明盡乃至無老死亦無老死盡無苦集滅道無智亦無得以無所得故菩提薩埵

從般若波羅蜜多故 得阿耨多羅三藐三菩提
圍礙故 無有恐怖 遠離顛倒夢想
究竟涅槃 三世諸佛 依般若波羅蜜多
究竟 故 得阿耨多羅三藐三菩提 故知般若波羅蜜多
大明呪 是無上呪 是無等等呪
除一切苦 真實不虛 故說般若波羅蜜多呪
卽說呪曰 揭諦揭諦 波羅揭諦 波羅僧揭諦 菩提薩婆訶

우주 안에 내가 있는가 내 안에 우주가 있는가

摩訶般若波羅蜜多心經

觀自在菩薩行深般若波羅蜜多
時照見五蘊皆空度一切苦厄舍
利子色不異空空不異色色即是
空空即是色受想行識亦復如是
舍利子是諸法空相不生不滅不
垢不淨不增不減是故空中無色
無受想行識無眼耳鼻舌身意無
色聲香味觸法無眼界乃至無意

識亦無無明亦無無明盡乃至無
老死亦無老死盡無苦
集滅道無智亦無得以
無所得故菩提薩埵
依般若波羅蜜多故心
無罣礙無罣礙故無有
恐怖遠離顛倒夢想
究竟涅槃三世諸佛依
般若波羅蜜多故得阿
耨多羅三藐三菩提
故知般若波羅蜜多是
大神咒是大明咒是無上

除一切苦真實不虛故說般若波羅蜜多呪即說呪曰揭諦揭諦波羅揭諦波羅僧揭諦菩提娑婆訶

구름은 멈추었고 산과 물이 흘러간다

후기

摩訶般若波羅蜜多心經

觀自在菩薩行深般若波羅蜜多時照見五蘊皆空度一切苦厄舍

色不異空空不異色色即是空空即是色受想行識亦復如是舍利子是諸法空相不生不滅不垢不淨不增不減是故空中無色無受想行識無眼耳鼻舌身意無色聲香味觸法無眼界乃至無意識界無無明亦無無明盡乃至無老死亦無老死盡無苦集滅道無智亦無得以無所得故菩提薩埵

산다는 것은 새로운 것과의 만남이다

摩訶般若波羅蜜多心經

觀自在菩薩行深般若波羅蜜多時照見五蘊皆空度一切苦厄舍利子色不異空空不異色色即是空空即是色受想行識亦復如是舍利子是諸法空相不生不滅不垢不淨不增不減是故空中無色無受想行識無眼耳鼻舌身意無色聲香味觸法

識界無無明亦無無明盡乃至無老死亦無老死盡無苦集滅道無智亦無得以無所得故菩提薩埵依般若波羅蜜多故心無罣礙無罣礙故無有恐怖遠離顛倒夢想究竟涅槃三世諸佛依般若波羅蜜多故得阿耨多羅三藐三菩提故知般若波羅蜜多是大神咒是大明咒是無上咒是無等等咒

세상만물은 내마음에서 나타남이다

除一切苦真實不虛故說般若
波羅蜜多呪卽說呪曰揭諦揭
諦波羅揭諦波羅僧揭諦菩提
娑婆訶

훈글

摩訶般若波羅蜜多心經
觀自在菩薩行深般若波羅蜜多
時照見五蘊皆空度一切苦厄舍

舍利子，是諸法空相，不生不滅，不垢不淨，不增不減。是故空中無色，無受想行識，無眼耳鼻舌身意，無色聲香味觸法，無眼界乃至無意識界，無無明，亦無無明盡，乃至無老死，亦無老死盡，無苦集滅道，無智亦無得。

從般若波羅蜜多故 心無罣礙 無罣礙故 無有恐怖 遠離顛倒夢想 究竟涅槃 三世諸佛 依般若波羅蜜多故 得阿耨多羅三藐三菩提 故知般若波羅蜜多 是大神呪 是大明呪 是無上呪 是無等等呪 能除一切苦 真實不虛 故說般若波羅蜜多呪 即說呪曰 揭諦揭諦 波羅揭諦 波羅僧揭諦 菩提娑婆訶

나는 너무 가까이어서 알지 못한다

摩訶般若波羅蜜多心經

觀自在菩薩行深般若波羅蜜多時，照見五蘊皆空，度一切苦厄。舍利子，色不異空，空不異色，色即是空，空即是色，受想行識亦復如是。舍利子，是諸法空相，不生不滅，不垢不淨，不增不減。是故空中無色，無受想行識，無眼耳鼻舌身意，無色聲香味觸法，識亦復如是舍利子是諸法空相不生不滅不垢不淨不增不減是故空中無色無受想行識無眼耳鼻舌身意無色聲香味觸法無眼界乃至無意識界無無明亦無無明盡乃至無老死亦無老死盡無苦集滅道無智亦無得以無所得故菩提薩埵依般若波羅蜜多故心無罣礙無罣礙故無有恐怖遠離顛倒夢想究竟涅槃三世諸佛依般若波羅蜜多故得阿耨多羅三藐三菩提故知般若波羅蜜多是大神咒是大明咒是無上咒是

나는 처음부터 깨달아 있었다

除一切苦真實不虛故說般若波羅蜜多呪即說呪曰揭諦揭諦波羅揭諦波羅僧揭諦菩提薩婆訶

摩訶般若波羅蜜多心經

觀自在菩薩行深般若波羅蜜多時照見五蘊皆空度一切苦厄舍

色不異空空不異色色即是空空即是色受想行識亦復如是舍利子是諸法空相不生不滅不垢不淨不增不減是故空中無色無受想行識無眼耳鼻舌身意無色聲香味觸法無眼界乃至無意識界無無明亦無無明盡乃至無老死亦無老死盡無苦集滅道無智亦無得以無所得故

般若波羅蜜多心經

觀自在菩薩行深般若波羅蜜多時照見五蘊皆空度一切苦厄舍利子色不異空空不異色色即是空空即是色受想行識亦復如是舍利子是諸法空相不生不滅不垢不淨不增不減是故空中無色無受想行識無眼耳鼻舌身意無色聲香味觸法無眼界乃至無意識界無無明亦無無明盡乃至無老死亦無老死盡無苦集滅道無智亦無得以無所得故菩提薩埵依般若波羅蜜多故心無罣礙無罣礙故無有恐怖遠離顛倒夢想究竟涅槃三世諸佛依般若波羅蜜多故得阿耨多羅三藐三菩提故知般若波羅蜜多是大神咒是大明咒是無上咒是無等等咒能除一切苦真實不虛故說般若波羅蜜多咒即說咒曰揭諦揭諦波羅揭諦波羅僧揭諦菩提薩婆訶

摩訶般若波羅蜜多心經

觀自在菩薩行深般若波羅蜜多時照見五蘊皆空度一切苦厄舍利子色不異空空不異色色即是空空即是色受想行識亦復如是舍利子是諸法空相不生不滅不垢不淨不增不減是故空中無色無受想行識無眼耳鼻舌身意無色聲香味觸法無眼

以無所得故菩提薩
埵依般若波羅蜜
多故心無罣礙無
罣礙故無有恐怖
遠離顛倒夢想究
竟涅槃三世諸佛
依般若波羅蜜多
故得阿耨多羅三
藐三菩提故知般
若波羅蜜多是大神
咒是大明咒是無上咒

除一切苦真實不虛故說般若
波羅蜜多呪即說呪曰揭諦揭
諦波羅揭諦波羅僧揭諦菩提
薩婆訶

살아있는것만이변할수있다

般若心經

摩訶般若波羅蜜多心經
觀自在菩薩行深般若波羅蜜多
時照見五蘊皆空度一切苦厄舍

色不異空空不異
色色即是空空即是
色受想行識亦復如是
舍利子是諸法空相不
生不滅不垢不淨不增不減
是故空中無色無受想行識
無眼耳鼻舌身意無
色聲香味觸法無眼界乃
至無意識界無無明亦無
無明盡乃至無老死亦
無老死盡無苦集滅道
無智亦無得以無所得故菩提薩埵

依般若波羅蜜多故心無罣礙無罣礙故無有恐怖遠離顛倒夢想究竟涅槃三世諸佛依般若波羅蜜多故得阿耨多羅三藐三菩提故知般若波羅蜜多是大神咒是大明咒是無上咒是無等等咒能除一切苦真實不虛故說般若波羅蜜多咒即說咒曰揭諦揭諦波羅揭諦波羅僧揭諦菩提娑婆訶

못난이대로 가께 본 마음의 상태다

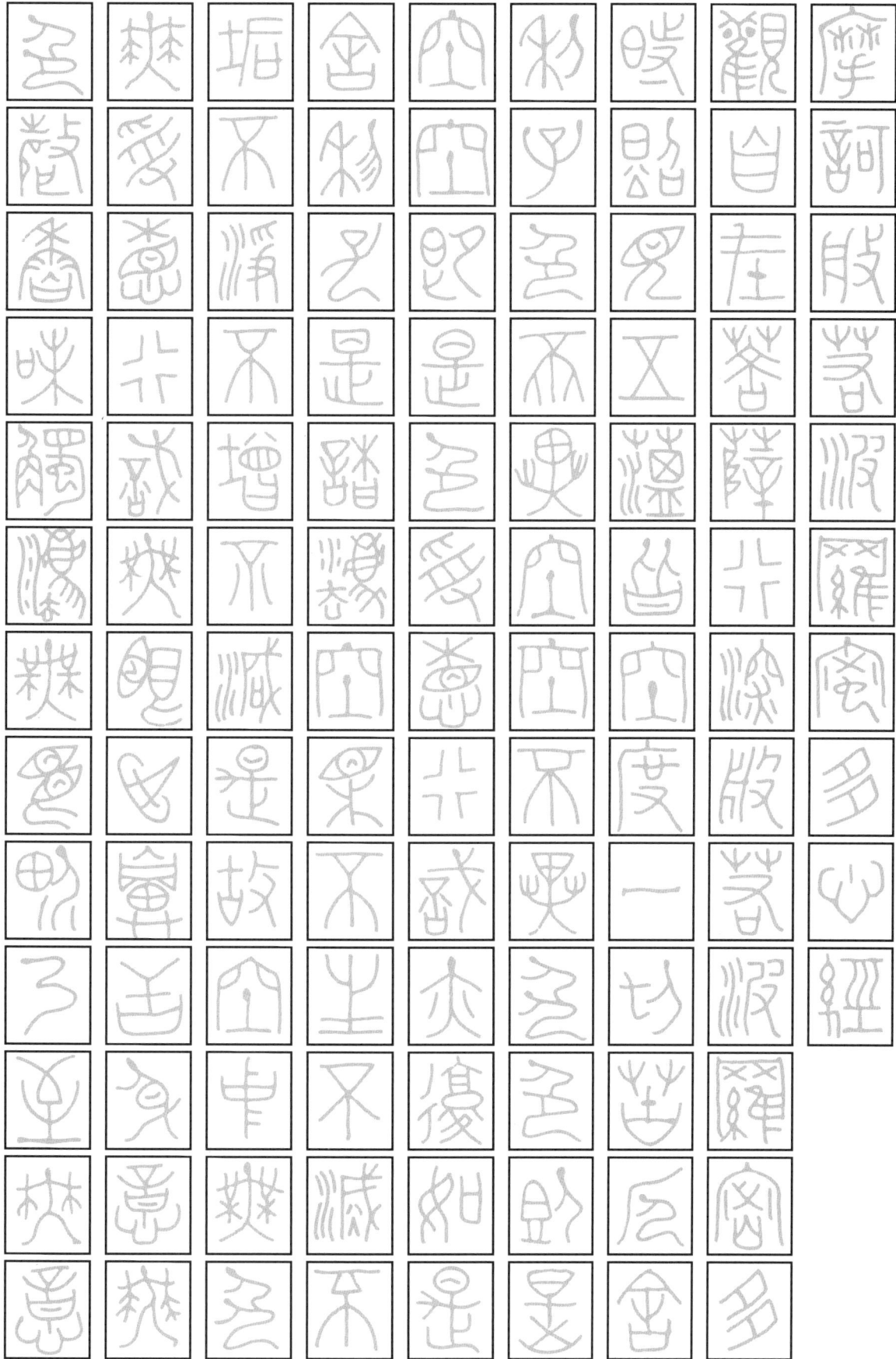

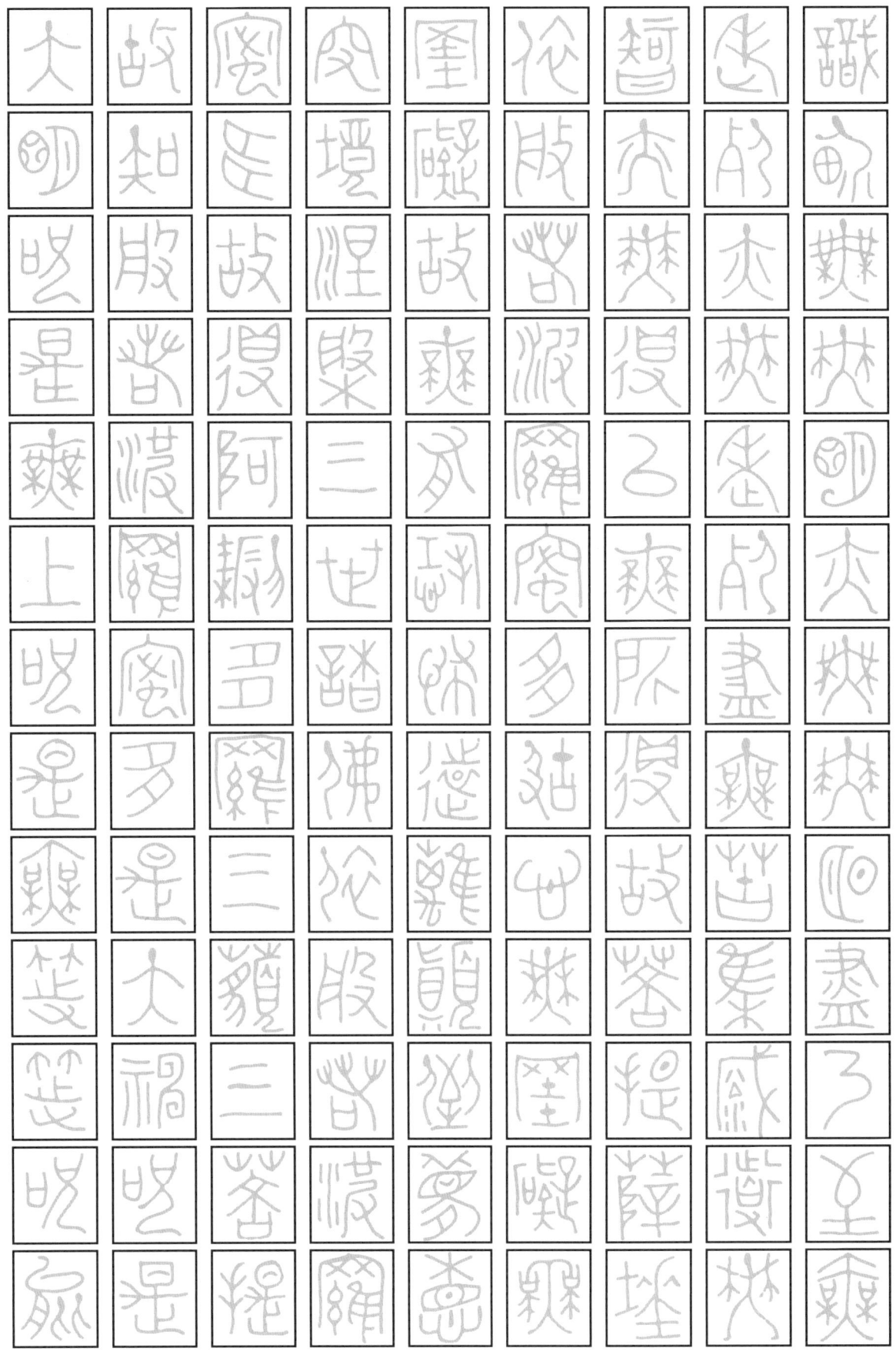

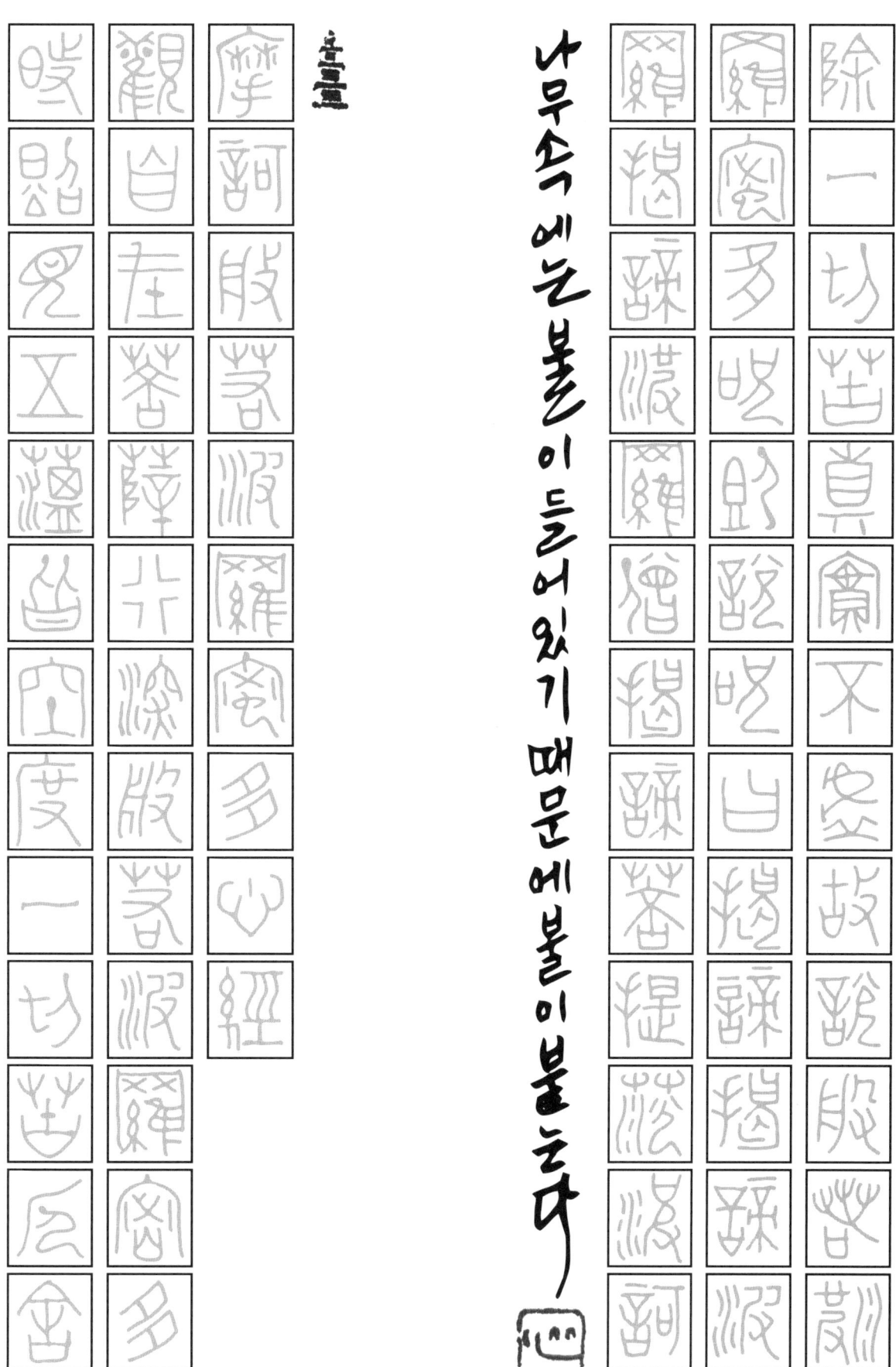

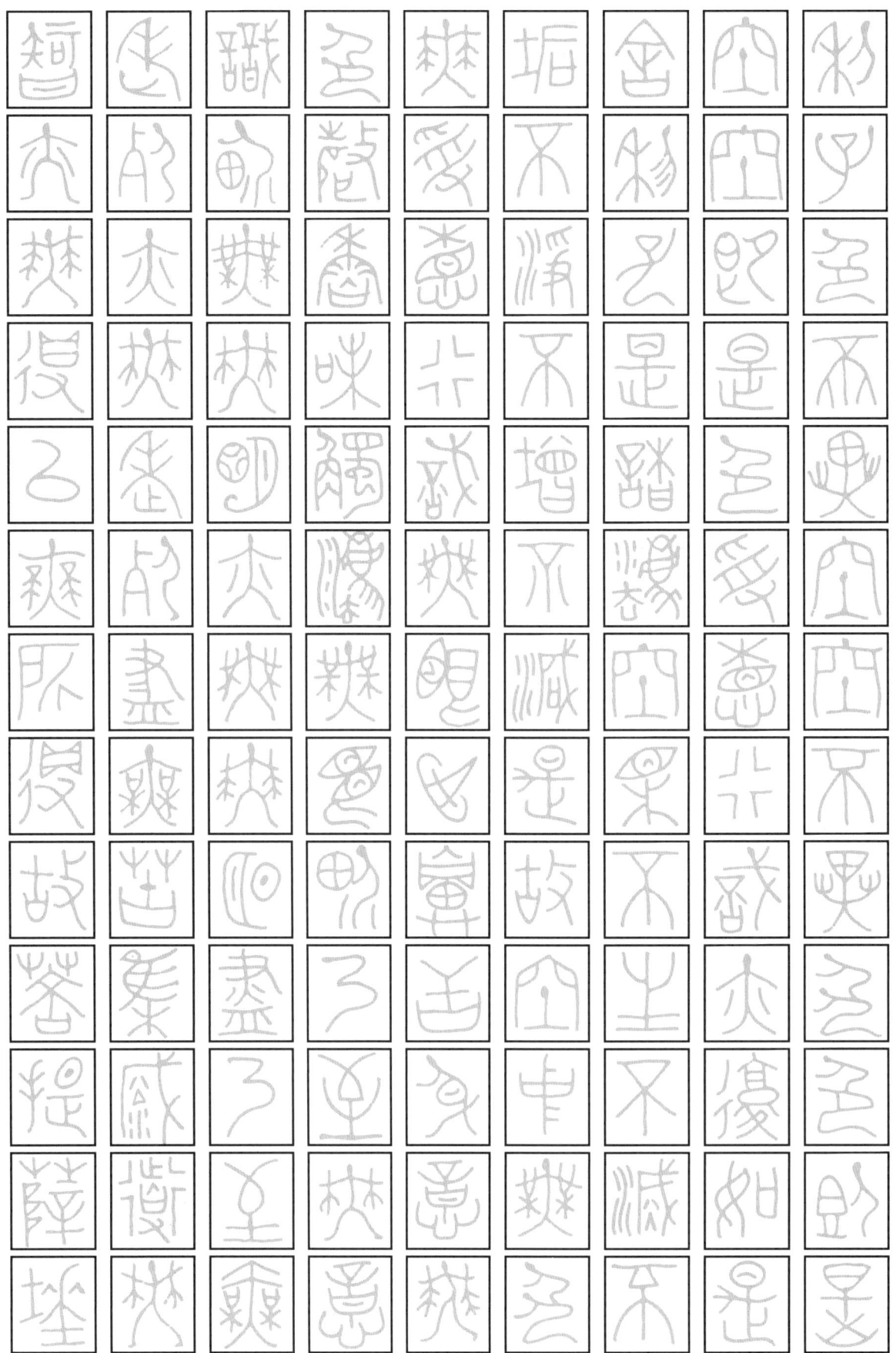

96

오직 나만이 존재한다

회 향 문

발원제자 :　　　　　　　　　　　　　　　합장

사경 마침 일시 :　　　　　　년　　월　　일

사경하고 색칠하는 전서체 **반야심경**

1판 1쇄 발행 2024년 9월 9일

편　저 / 법천스님
발행처 / 한영출판사
발행인 / 최진혁

출판등록 / 1975-000003호
주소 / 대구광역시 중구 태평로 1가 187 태평라이프 B/D 330호
전화 / (053)423-6690, 423-7790
팩스 / (053)423-7790

보급처 / 소림사 (경남 사천)
주소 / 경남 사천시 사천읍 옥산로 119번지 소림사
전화 / (055)852-7375
팩스 / (055)852-7376

정가 9,000원
ISBN 89-88670-36-1　07220

나는 우주의 시작이요 끝이며 중심이다

摩訶般若波羅蜜多心經
觀自在菩薩 行深般若波羅蜜多
時 照見五蘊皆空 度一切苦厄
舍利子 色不異空 空不異色
色卽是空 空卽是色 受想行識
亦復如是 舍利子 是諸法空相
不生不滅 不垢不淨 不增不減
是故 空中無色 無受想行識
無眼耳鼻舌身意 無色聲香味觸法
無眼界 乃至 無意識界
無無明 亦無無明盡 乃至
無老死 亦無老死盡 無苦集滅道
無智亦無得 以無所得故
菩提薩埵 依般若波羅蜜多
故心無罣礙 無罣礙故 無有恐怖
遠離顚倒夢想 究竟涅槃
三世諸佛 依般若波羅蜜多
故得阿耨多羅三藐三菩提
故知 般若波羅蜜多 是大神呪
是大明呪 是無上呪 是無等等呪
能除一切苦 眞實不虛 故說
般若波羅蜜多呪 卽說呪曰
아제아제 바라아제 바라승아제 모지 사바하